Benedikta Buddeberg

... dann leben sie noch heute   Gedichte

... dann leben sie noch heute

Gedanken und Gedichte von

Benedikta Buddeberg

Impressum

Herbst 2003

Umschlagfoto: Objekt des Skulpteurs Günter Blanck, Hagen

Herstellung und Verlag: Books on Demand GmbH, Norderstedt

ISBN 3-8334-0151-6

Inhalt:

Begrüßung

Im stahlblauen See
eisenharten Blickes
ein Funke des Erkennens

jagt im Bruchteil von Sekunden
durch Windung und Erinnerung
macht sich in der Mundregion fest

zieht die Muskeln der Oberlippe
hoch und breit Richtung Nase
die obere Gebissreihe entblößend

Hautregion der Augenpartie
infolge reflexartiger Reaktion
in winzige Fältchen gelegt

demonstrierte Herzlichkeit
durch lebensloses Lächeln
fast perfekt aufgelegt

im stahlblauen See
eisenharten Blickes
der Funke längst erloschen

Einfach kostbar

Einfach kostbar
jene Stunde
in dem schmucklos
grauen Raum
was zu lesen
hinter Stirnen
und in Augen zu schaun
hinter faltigen Stirnen
gezeichneten Stirnen
jungen glühenden Stirnen
einfach kostbar zu schaun

Einfach kostbar
jene Sätze
gegen Wahnsinn
Tod und Krieg
mit den Tönen
und Worten zu hörn
jene aggressiven Töne
und verzweifelten Töne
auch die hoffnungszarten Töne
einfach kostbar zu hörn

Einfach kostbar
jene Bilder
die aus Farbe
Licht und Staub
mit den Werken
in die Herzen
lassen sehn
den bewegenden Werken
und erschütternden Werken
unbegreiflichen Werken
einfach kostbar zu sehn

Einfach kostbar
jene Menschen
die verschieden
wie sie selbst
mit uns träumend
lassen Welten erstehn
unvergessbare Träume
visionär klare Träume
und doch lebbare Träume
einfach kostbar zu verstehn

Gewidmet allen Mitwirkenden der
*Kunst-Demonstration , **Trotz** dem /Künstler für den Frieden'*
8. – 25. Mai 2003 in Soest

Fortschritt

Sie häkelte Taschentuchspitzen
früher
filigrane Gespinste
an hauchdünnem Batist
streng nach
Häkelschrift

Die Beschenkten waren
entzückt
so viel Arbeit
Kostbarkeiten
verschwanden in Handtaschen
verstaubten in Schubladen

Seide bemalte sie
später
leuchtende Pastelle
zarte Musterführung
inspiriert von
Vorlagen

Die Beschenkten lobten
beeindruckt
solche Kreativität
Unikate
als Schal getragen
sind Bilder nicht zu erkennen

Heute malt sie
in Acryl
großformatig
mit lauten Farben
aus ihrem Kopf
die Motive

Die Betrachter staunen
verwirrt und verärgert
Ist das Kunst?
Es hängt an der Wand
es provoziert
ist nicht zu verbergen

Nie mehr
wird sie sich
verstecken lassen

Rückschritt

Er spielte Fußball
damals
Rennen und Fallen
Freude und Schmerz
innen wie außen
pralles Leben

Seine Kumpane
liebten
seine Umarmung
schweißiger bebender Leib
Lachen und Tränen
alles geteilt

Die Eisenbahnanlage war
später
seine Welt
Drähte und Gleise
alles dirigieren
Weichen gestellt

Sein Sohn besah
fasziniert
Vaters Welt
durfte auch mal
Vater strich ihm abwesend
über's Haar

Heute surft er
im Internet
virtuelle Welten
unendlich
online einsam
sprachlos

Die Kollegen
sind beeindruckt
voll im Trend
seine Familie hat ihn
übrigens
verlassen

Er wird nicht mehr
gefunden
im Land der Lebendigen

Implodiert

Einer ließ freien Lauf seinen Tränen,
die anderen blieben stumm.
Er wollte sich nicht länger schämen,
die anderen wussten warum.

Ihr Lächeln war eingefroren,
man übte viel Disziplin,
hatte nicht die Beherrschung verloren,
doch der Schmerz musste irgendwo hin.

So flossen die Tränen nach innen
in das große Tote Meer,
in dem unsre Träume zerrinnen.
Dort gibt es kein Leben mehr.

Dort bleibt der Schmerz unvergessen
nur ordentlich kontrolliert.
Wer kann dieses Meer ermessen,
in dem das Gefühl implodiert?

Dort muss die Seele trinken
vom Wasser der Bitterkeit.
Dort droht sie zu versinken
in trostloser Einsamkeit.

Und doch sagt man seinen Kindern:
Hast nahe am Wasser gebaut,
Um die Tränen zu verhindern,
dass es seinem Herz nicht mehr traut.

Lass freien Lauf deinen Tränen,
bleiben die anderen auch stumm.
Brauchst dich der Tränen nicht schämen.
Die anderen wissen warum.

Spuren

Gräben
Schluchten
Spuren
Verachtung und Schläge
Misshandlung und Lüge
Lieblosigkeit und Härte
Brutalität und Hass
zu lesen
im Angesicht
der Misshandelten
schnitten ein kantiges Profil

Gräben
Schluchten
Spuren
Zerstörung und Angst
Verzweiflung und Misstrauen
Einsamkeit und Schmerzen
Entsetzen und Tod
zu erahnen
im Leben
der Misshandelten
nicht Profil sondern Verwerfung

Gräben
Schluchten
Spuren
Verlangen nach Frieden
Suche nach Vertrauen
Sehnsucht nach Geborgenheit
Hunger nach Liebe
zu finden
im Herzen
der Misshandelten
nicht Verwerfung sondern Rettung

Gräben
Schluchten
Spuren
in die Herzen gegraben
im Leben hinterlassen
ins Gesicht geschrieben
dem Ebenbild entstellt
zu heilen
einzig von Jesus
dem Misshandelten
Rettung in Zeit und Ewigkeit

Nun aber spiegelt sich bei uns allen die Herrlichkeit
des Herrn in unserem aufgedeckten Angesicht,
und wir werden verklärt in sein Bild
von einer Herrlichkeit zur anderen von dem Herrn.
(2. Korintherbrief 3,18)

Nur Mut

Wer bin ich
Eigentlich nur
ein kleines Licht
eine Projektion meiner Gedanken
eine ökologische Katastrophe
ein chemischer Prozess
Asche und Staub

Auf öffentlicher Bühne
versichern neuzeitliche Göttersöhne
aus Politik und Showgeschäft
Wir brauchen dich
wir verehren dich
wähle uns und unsere Werte
wir lieben dich

Wer bin ich
dass ich glaube
meine Meinung sei wichtig
meine Stimme wöge
mein Reden nütze
mein Handeln ändere etwas
Gras das ins Feuer geworfen wird

In den Hinterzimmern
ziehen Mächtige die Fäden
grinsen breit
über undiplomatische Äußerungen
über beißende Kritik
nicht mehr als eine Stubenfliege
lästig und naiv

Wer bin ich
als eben nur
ein Staubkorn im All
ein Gesicht in der Menge
politisches Stimmvieh
Unterprivilegiert
eine hysterische Frau

Selbst ernannte Propheten
und wohlmeinende Psychiater
versuchen zu beruhigen
Jeder ist wertvoll
jeder hat Potential
jeder ein Gott
ich kenne mich

Wer bin ich,
dass ich zum Pharao gehe
und führe Israel
aus Ägypten?
fragte Mose.
Gott sprach:
ICH WILL
MIT DIR SEIN

Ora et labora

Arbeite
tu was du nicht lassen kannst
tu es verlässlich und gewissenhaft
vergrabe deine Talente nicht
als ob du
der Welt etwas zu geben hättest
wirklich etwas verändern könntest
dein Beitrag unverzichtbar wäre
ewig leben würdest
ohne Begrenzung des Raums
ohne Limit an Zeit
nicht Staub sondern Diamant

Bete
zu dem der das Weltall hält
dem alles gegeben ist im Himmel und auf Erden
der war der ist der kommt
als ob du
um deine Begrenztheit weißt
deine schnell erschöpften Ressourcen kennst
wahrhaftig keine Zeit mehr hättest
heute sterben müsstest
deine eigene Kraft am Ende wäre
dein Mut zum Aufstehen nicht mehr reicht
du zum Staub zurückkehrtest als der du dich fühlst

Ora et labora - Bete und arbeite
beide Komponenten
in richtiger Reihenfolge
Gegenwart des Allmächtigen
in der Vergänglichkeit des Alltags
leben
wie nur du leben kannst
geben
was nur du geben kannst
gegründet gehalten getragen
in ihm bist du
du Staubkorn im All
in jener Millisekunde der Erdgeschichte
die du Leben nennst
unverzichtbar unersetzlich unüberwindbar

Was willst du mehr
also **bete** als ob du heute sterben müsstest
und **arbeite** als ob du ewig leben würdest
ora et labora - das macht Sinn

Jedenfalls

Wer hat denn gesagt
dass es leicht sein würde
wer hat denn gesagt
dass es nichts kosten würde
wer hat denn gesagt
dass Schmerzen ausgeschlossen sind

Sollte jemand behauptet haben
es fällt dir in den Schoß
sollte jemand behauptet haben
gebratene Tauben flögen
sollte jemand behauptet haben
die Welt warte auf dich

Wer das gesagt hat
hat möglicherweise
nicht gewusst
wovon er redet
oder anderenfalls
hat er
schlicht und ergreifend
gelogen

Aber selbst wenn sie
dich am Ende
auf dem Marktplatz
für das was du
gedacht gesagt oder getan hast
auslachen steinigen oder verbrennen
vorher hast du
jedenfalls gelebt

Endlich

endlich Frühling
endlich Geburtstag
endlich Weihnachten

endlich Kindergarten
endlich Schule
endlich Abi

endlich Studium
endlich Abschluss
endlich ein Job

endlich ein Partner
endlich ein Kind
endlich ein Haus

endlich geschieden
endlich allein
endlich frei

endlich eine Kur
endlich gesund
endlich Rente

endlich am Ende
endlich erkannt
das Leben ist endlich

Plötzlich und unerwartet

Plötzlich und unerwartet
    Jagte dem Leben nach
    Erfahrung statt Gewöhnlichkeit
    Setzte sich gestern noch Ziele
    Unbekümmert lebensfroh
    Sein Film riss - Heute

    Liebenden am Grab
    Entsetzt ohne Worte
    Bleibt nichts von ihm
    Tot, Ende, aus

Plötzlich und unerwartet
    Jede Frage kommt zu spät
    Eine Antwort suchte er nie
    Sinn, Ewigkeit, Gott
    Unnötige Zeitverschwendung
    Selbstsicher abgestürzt

    Längst ahnte er
    Er ließ es nicht zu
    Bleibt mir bloß weg
    Tagträume für Fromme

Plötzlich und unerwartet
Jetzt weiß er
Erkennen und erschrecken
Seine Ausreden hohl
Unzählige Hinweise missachtet
Spottendes Lächeln erfriert

Lass nicht das Fragen
Entlarve die Entertainer
Beharre auf Antworten
Tatsachen zählen

Sucht, so werdet ihr finden
(Matthäus 7,7)

19

Außerhalb jeder Vorstellung

Es ist außerhalb meiner Vorstellung,
sagt er,
dass es einen Gott geben könne.
Der brauchte doch wohl
nur mit seinem kleinen Finger winken,
sagt er,
und ich wäre gesund.

Er kämpft,
manchmal um einen Tag,
manchmal um mehr,
jedenfalls um sein Leben.

Es ist außerhalb meiner Vorstellung,
erklärt er,
dass mir irgend jemand helfen kann.
Ich habe alles gemacht,
Strahlen-, Chemo-, Misteltherapie,
erklärt er,
nichts macht mich gesund.

Er läuft,
manchmal durch die Stadt,
manchmal am Meer, am Strand,
jedenfalls um zu leben.

Es war außerhalb meiner Vorstellung,
beschreibt er,
was mit meinem Körper passiert.
Gleichmäßig tropft das Infusionsgerät
Gift in meine Venen,
beschreibt er,
tödliches macht vielleicht gesund.

Er begehrt
jede Stunde außerhalb der Klinik,
jede zärtliche Umarmung,
er schreit nach Leben.

Es bleibt außerhalb aller Vorstellung,
er wird sterben,
entweder heute oder später,
ohne den zu suchen und zu finden,
der das Leben selbst ist,
er wird sterben,
weil es außerhalb seiner Vorstellung lag.

Nicht besser gewusst

Verknöchert
das Leben der Alten,
er hat alles besser gewusst.
Brav und bieder
die Werte verwalten,
er hat alles besser gewusst.
Kämpfte gegen
Enthaltung und Enge,
er hat alles besser gewusst.
Entfaltung
der Freiheit, der Liebe,
er hat alles besser gewusst.

War ein Hunger nach Leben,
nach Freiheit, nach Glück,
ein Sehnen, ein Schmerz, eine Lust.
Suchte außer sich eben
Leben, Freiheit und Glück.
Nun, er hat es nicht besser gewusst.

Er brauchte
nicht Abi und Status,
er hat alles besser gewusst.
Tief verachtet
den Kapitalismus,
er hat alles besser gewusst.
Als Trucker
Erfahrung gewonnen,
er hat alles besser gewusst.
Meilenweit
von Paris nach Berlin,
er hat alles besser gewusst.

War ein Hunger nach Leben,
nach Freiheit, nach Glück,
ein Sehnen, ein Schmerz, eine Lust.
Suchte außer sich eben
Leben, Freiheit und Glück.
Nun, er hat es nicht besser gewusst.

Ein Kind kam,
die Hochzeit drauf folgte,
er hat alles besser gewusst.
Er ertrug es,
weil sie es so wollte,
er hat alles besser gewusst.
Südfrankreich
dort fand er ein Haus,
er hat alles besser gewusst.
die Nachbarn
lachten den Deutschen aus,
Er hat alles besser gewusst.

War ein Hunger nach Leben,
nach Freiheit, nach Glück,
ein Sehnen, ein Schmerz, eine Lust.
Suchte außer sich eben
Leben, Freiheit und Glück.
Nun, er hat es nicht besser gewusst.

Seine Ehe
zerbrach an Sprachlosigkeit,
er hat alles besser gewusst.
Die Tochter
sah er nur bei Gelegenheit,
er hat alles besser gewusst.
Seine Heimat,
ein Ort an dem er unbekannt,
er hat alles besser gewusst.
Blieb heimatlos
im fremden Nachbarland,
er hat alles besser gewusst.

War ein Hunger nach Leben,
nach Freiheit, nach Glück,
ein Sehnen, ein Schmerz, eine Lust.
Suchte außer sich eben
Leben, Freiheit und Glück.
Nun, er hat es nicht besser gewusst.

Letztlich fand er im Leben
kaum Freiheit kein Glück,
nur Sehnen und Schmerz am Schluss.
Hat's beendet deswegen,
führt kein Weg zurück.
Nun, er hat es nicht besser gewusst.

Farbspiel

Weiße Kirschblüten

Vorboten blutroter Frucht

Leben ist Sterben

Mutmaßlich

Mutmaßlich bin ich krank,
wenn ich mein Gesicht im Spiegel seh.
Kein Arzt sagt mir die Wahrheit,
zu furchtbar,
reine Rücksichtnahme.
Mutmaßlich bin ich krank.

Mutmaßlich braucht mich keiner,
wenn der Ruhestand jetzt kommt,
ein anderer auf meine Stellung wartet,
ein Jüngerer,
es steht ihm auch zu.
Mutmaßlich braucht mich keiner.

Mutmaßlich liebt mich kein Mensch,
auch die Frau nicht, die ich so gern treffe.
Sie kennt so viele interessante Leute,
hat wohl Mitleid
mit dem komischen Alten.
Mutmaßlich liebt mich kein Mensch.

Mutmaßlich vermisst mich niemand,
für die Verwandten war ich immer da.
Sind gestorben oder haben Familie,
störe ich nur,
dränge mich keinem auf.
Mutmaßlich vermisst mich niemand.

Mutmaßlich falle ich zur Last,
wenn meine Krankheit offenbar wird,
die Kollegen, die Familie, die Frau
verantwortungsbewusst
für meine Pflege aufkommen.
Mutmaßlich falle ich allen zur Last.

Mutmaßlich
hält der Betroffene
Suizid
für eine selbstgewählte Form
der Euthanasie
für sich und seine Umwelt.
Mutmaßlich.

Hoffmann

(zur Installation "Hoffmann" von Peter Busch)

Hallo, lieber Hoffmann, du altes Kind,
deine Stärke vernagelt in Kisten,
liegst einfach da, lahm, taub und blind;
wenn das deine Mutter wüsste.

Dein Gesicht ist Maske aus hölzernem Stein,
stumm, ohne Weinen und Klagen,
verrät kein Gefühl, sieht niemand hinein,
den Schrecken sprachlos ertragen.

Still stehn die Stiefel, gehn nirgendwo hin,
zum Gehen sind Stümpfe nicht nützlich.
So suchst du kein Ziel, fragst nicht nach Sinn
und wo du nicht hin wolltest, treibt's dich.

In den Koffer hast du dein Leben versteckt,
die Gedanken und Träume, manch liebes Gesicht,
all das, was du sein könntest, unentdeckt,
angstvoll verborgen jedem Tageslicht.

Das Dreirad erinnert noch an deinen Mut,
wollte *Hoff* doch die Welt verbessern.
Aber *Mann* stellte fest, nur wenig wird gut,
und Glauben und Hoffnung verwässern.

So vegetierst du in deinem Sperrgebiet
nur durch Tücher vom Alltag getrennt.
Der äußere Hoffmann ist allseits beliebt,
weil den inneren kaum jemand kennt.

Hallo, armer Hoffmann, du altes Kind,
deine Stärke vernagelt in Kisten,
liegst einfach da, lahm, taub und blind;
wenn das deine Mutter wüsste.

Unheimlich sicher

Er ist sich
wie er gern sagt
unheimlich sicher

dass er diese
Kurve nimmt
unheimlich sicher

dass es bestimmt
keinen Gott gibt
unheimlich sicher

dass er weiß
wie der Hase läuft
unheimlich sicher

dass er sein Leben
fest im Griff hat
unheimlich sicher

dass ihm eigentlich
nichts passieren kann
unheimlich sicher

dass er im Prinzip
ein guter Mensch ist
unheimlich sicher

dass es nach dem Tod
irgendwie weiter geht
unheimlich sicher

dass ihm keiner
an die Karre fahren kann
unheimlich sicher

dass er morgen
seinen Geburtstag feiert
unheimlich sicher

dass er nächstes Jahr
nach Bali fliegen wird
unheimlich sicher

dass seine Rente
gut abgesichert ist
unheimlich sicher

nur manchmal
tief hinten im Kopf
ist er heimlich unsicher

dass er darüber
nicht weiter nachdenkt
ist unheimlich sicher

Frauenbewegung

Frauenbewegung
lockt ein Banner im Internet
Frauenbewegung
und deutet
eine Frau an
die einen schnellen
Striptease vollzieht
Frauenbewegung
das ist doch billig
grinst das Banner

Frauenbewegung
wirbt ein Fitness Studio
Frauenbewegung
und fordert
dicke Frauen auf
mittels sportlicher Betätigung
ihre Pfunde zu beseitigen
Frauenbewegung
das macht doch sexy
behauptet das Studio

Frauenbewegung
titelt eine junge Zeitschrift
Frauenbewegung
und beschreibt
die eine oder andere Frau
die ihre Bastelkünste
versucht zu vermarkten
Frauenbewegung
das ist doch schon was
behaupten die Schreiber

Frauenbewegung
schreien die Unbelehrbaren
Frauenbewegung
und meinen damit
die wenigen Frauen
die unerschütterlich
den aufrechten Gang üben
Frauenbewegung
wir haben noch viel zu tun
wie die Beispiele beweisen

Rosemarie

Rosemarie, Rosemarie
sieben Jahre dein Herz nach ihm schrie
Rosemarie, Rosemarie
aber er hörte es nie.

Zur Traumhochzeit
gab es flambierte Blicke
und geeistes Lächeln.
Diese fremde Blonde,
seine Märchenprinzessin halt.
Reichlich süßer Wein
weichgezeichnet die Realität.

Sie schenkte ihm ein Kind
einen Sohn, seinen Sohn.
Er hat ihn später behalten.
Denn diese Krankheit,
die sie empfängnisunfähig machte,
bedeutete das Ende: Fortgejagt.
Als Frau sei sie nichts mehr wert.

Jedwede Nacht, jedwede Nacht,
hat ihr in Traum sein Bild zugelacht.
Kam dann der Tag, kam dann der Tag
bei ihr ein anderer lag.

Auf der Reeperbahn
hat sie es sich
und anderen bewiesen.
Sie war noch voll
funktionsfähig als Frau.
Unerwünschte Nebeneffekte
hatte sie nicht zu befürchten.

Ihre Mutter behielt Recht.
Sie war eben nichts wert.
Schon damals,
als sie ihn heiratete,
jenen glutäugigen Fremden,
hatten ihre Eltern
diese Tatsache klar erkannt.

Nun ist sie alt, nun ist sie alt
aber ihr Herz ist noch immer nicht kalt.
Schläft wohl schon bald, schläft wohl schon bald,
doch bis zuletzt es noch hallt.

Mit dreißig bist du alt
erklärt sie.
In der Kneipe hier
ist ihr neuer Typ der Boss.
Sie liebt ihn irgendwie.
Sie ist seine Perle.
So eine Klassefrau braucht er,
um den Laden hier zu schmeißen.

Die Unfruchtbarkeit
ist eher ein Vorteil, sagt er.
Die sieben Jahre Strich
waren ja vor seiner Zeit, sagt er.
Weil er auch schon mal hinlangt,
ist heiraten nicht drin, sagt sie.
Es hat eben seinen Preis,
das bißchen Leben, lächelt sie und spült die Gläser.

(Für die Frau, die sich Rosemarie nannte,
aber ganz anders hieß.)

Die Nächste

Dreimal
sagt er
über das Bierglas
mit jenem weitem Blick
geschlagen
nicht gebrochen
einsamer Wolf
lonesome Cowboy
Dreimal
habe ich voll
in die Scheiße gepackt

Dreimal
nickt sie
die Hand auf seiner
Verständnis im Ausdruck
wissend
sie ist anders
als diese Schlangen
berechnende Weiber
Dreimal
daneben gegriffen
diesmal sicher nicht

Natürlich
proklamiert er
wisse er diesmal
er wäre ja nicht bescheuert
hundertprozentig
eine süße Maus
entzückendes Frauchen
Natürlich
Liebe inklusive
Zukunft rosarot

Natürlich
fällt ihr auf
seine ringlose Hand
Versprechen halten wenig
Halbwertzeit
Zuckermäuschen zerfällt
Frauchen zu Schlampe
Natürlich
voll auf Risiko
ihr passiert es nicht

Dreimal
denk dran
ist genau das gelaufen
große ewige Liebe
gestorben
alles Scheiße geworden
Leben Liebe und sie
Dreimal
und du mein Kind
bist die Nächste

Eine weiße Rose

Efeu überranktes Grab
darauf eine weiße Rose
irritiert blicken die Verwandten
wer fragen sie
wer legte auf dein Grab
eine weiße Rose

Eine kühle schmale Hand
mit knochigen Fingern
die lieber dich berühren wollte
sich nie wagte
sie legte auf dein Grab
eine weiße Rose

Nur eine entlaufene Träne
auf sachlichem Gesicht
Schmerz sorgsam verborgen
stummer Schrei
dazu legt sie auf dein Grab
eine weiße Rose

Kein einziges Wort
uneingestanden die Liebe
Du wagtest nie zu glauben
solches Glück
darum legt sie auf dein Grab
eine weiße Rose

Ein reines klares Weiß
nicht Farbe der Liebe
Leidenschaft blieb Traum
unverwirklicht
und so legt sie auf dein Grab
keine rote Rose

Unbekannte Frau
fand nicht die Sprache
sich dir verständlich zu machen
Du gingst
ihr bleibt hier dein Grab
und eine weiße Rose

Abnehmender Mond

Wenn die Sichel
immer schmaler wird
kaum merklich
doch unaufhaltsam
und weniger Zukunft
entgegen leuchtet

Wenn der Schatten
die Einsicht verdeckt
einst Reales
nicht mehr sichtbar
einzig Worte beschreiben
vergangenes Jetzt

Wenn die Tage
ohne Wiederkehr
vergehen
und Nächte schwinden
vor unseren Augen
was bleibt zurück?

Man weiß vom Mond
dass sein Verschwinden
nur Illusion
Was weiß der Mensch
der nicht glauben will
was er nicht sieht?

Wettervorhersage

Bei Sonnenwetter

denkt man sich alles sei gut

schläft doch der Drache

„Was bleibt vom Mythos Jesus Christus ?"

Ein gewisser Herr A.
präsentiert uns
eisklar herb und glitzernd frisch
Schnee von gestern

„Was bleibt vom Mythos Jesus Christus ?"

Schon vor Jahren
legte dieser Herr A.
ein Buch zu dem Thema vor
einen Bestseller - zugegeben

„Was bleibt von dem Mythos ?"

Da jetzt eine Neuauflage droht
sieht er sich gehalten
zu diesem längst überholten Mythos
erneut Stellung zu nehmen

„Was bleibt von dem Mythos ?"

Dabei befleißigt sich Herr A.
der populären Disziplin
ein Buch zu rezensieren
ohne es gelesen zu haben

„Was bleibt von dem Mythos ?"

Gelesen hat er offenbar
viel Sekundärliteratur
zweifelsohne wertvolle Werke
die seine Meinung bestätigen

„Was bleibt von dem Mythos ?"

Erstaunliche Ergebnisse
über Ereignisse die vor
2000 Jahren mit Sicherheit
nicht stattgefunden haben

„Was bleibt von dem Mythos ?"

Journalisten heute wären
für so genaue Quellen dankbar
über Ereignisse heute
im Kosovokrieg zum Beispiel

„Was bleibt von dem Mythos ?"

Nichts bleibt von dem Mythos
es bleibt auch nichts von dem Buch
von dem Magazin das darüber berichtet
auch von Herrn A. bleibt nichts

„Was bleibt?"

Jesus Christus der Lebendige
der Auferstandene der Erfahrbare
der war der ist und in Ewigkeit bleibt
Wer das weiß findet Mythen überflüssig

Mit freundlichem Gruß an Herrn A.

Missverstanden

Angenommen,
so wie ich bin -
losgelassen,
wo ich eigene Wege suche -
erwartet,
obwohl die Umkehr ungewiß -
geborgen,
wenn ich Schutz suche -
freigekauft,
aus Schuldknechtschaft -
gehalten,
wenn der Boden flieht -
ausgeglichen
das Konto meines Mangels -
geliebt
bis in den Tod -

Ich nannte das bisher Liebe.

Nun kommen Sie daher und sagen,
das sei schwarze Pädagogik.

Was habe ich missverstanden?
War mein Pädagogikunterricht so schlecht?
Was hat Alice Miller damit gemeint?
Ist diese nonverbale Gewalt,
die man schwarze Pädagogik nennt,
das, was ich bisher Liebe nannte?

Ach, Sie reden vom Kreuz.
Fühlen sich bedroht
von dieser unaussprechlichen Gewalt.
Nein, es bedroht uns nicht,
das Kreuz ist besetzt.
Er selbst hat es getragen,
hat sich dieser konkreten Gewalt
ausgeliefert, stellvertretend.
Für mich und für Sie
alles bezahlt.

Das nenne ich - noch immer - Liebe.

Wer hat hier wen missverstanden?
Er, den Sie belieben
als Gangster zu bezeichnen,
dieser Gott lässt sich nicht spotten.
Das sollten Sie wissen,
trotz Ihres Theologiestudiums.
Darum: Passen Sie gut auf sich auf,
Herr Fliege.

Erfurt 2002

sinnlos
sterben
siebzehn Menschen
Schüsse eines
Schülers
sichere Treffer
Sportschütze
Schuldfrage offen

die Leistungsgesellschaft
meinen die Psychologen
die Schulpolitik
meinen die Medien
die Waffengesetze
meinen die Politiker
die Killerspiele
meinen die Schützenvereine
die Eltern
meinen die Pädagogen
die Medien
meinen die Elternvertreter
niemand
meinen alle
vor allem nicht
der Täter

die Opfer
die Täter
der Täter
das Opfer

eine Gesellschaft
Unschuldiger
mit Tradition
nicht erst seit
neunzehnfünfundvierzig
fragt
wie konnte das passieren?
konnte das passieren?
ist überhaupt
etwas passiert?

siebzehn
stumme Tote die
sinnlos
starben
sprechen deutlich
dafür

Komm heraus, Kind

Komm heraus, Kind, komm heraus,
denk, der Krieg ist schon aus.

Ob die Trümmer auch noch brennen
und die Häuser sind zerstört
und manch Kind kann nicht erkennen,
wo es selbst hin gehört.

Komm heraus, Kind, komm heraus,
denk, der Krieg ist schon aus.

Ob die Felder, die bald grünen,
auch noch Todesfallen sind
und nicht aufgefundne Minen
töten wahllos Mann und Kind.

Komm heraus, Kind, komm heraus,
denk, der Krieg ist schon aus.

Ob die Mutter auch muss weinen
um den Bruder, um den Mann
und nicht weiß, wie sie die Kleinen
nun allein versorgen kann.

Komm heraus, Kind, komm heraus,
denk, der Krieg ist schon aus.

Ob du auch nicht kannst vergessen,
was in Bombennacht geschah,
gibt dir Kleidung und zu essen,
der dein Feind noch gestern war.

Komm heraus, Kind, komm heraus,
denk, der Krieg ist schon aus.

Ob du auch nicht kannst verstehen,
was mit dir geschehen ist,
darfst den Weg der Hoffnung gehen,
dass die Zukunft anders ist.

Komm heraus, Kind, komm heraus,
denk, der Krieg ist schon aus.

Wellen und Wogen

Kleine Zehen
im Sand fest verkrallt
den Wellen trotzend
kleine Stimme
gegen das Tosen:
arrête! Bleibt stehn!

ungerührt
Welle um Welle
Woge um Woge
umspült das Meer
dünne Beinchen

kleine Füßchen
zum Kampf bereit
die Wogen erwartend
mutige Hüpfer
über Wellenkämme
im Sprung gesiegt

ungerührt
Welle um Welle
Woge um Woge
umspült das Meer
dünne Beinchen

kleines Menschlein
vom Spiel begeistert
den Halt verloren
plötzlicher Fall
vom Meer überlistet
in weichen Sand

ungerührt
Welle um Welle
Woge um Woge
umspült das Meer
dünne Beinchen

Kind steh nur auf
lern was für dein Leben
du stehst mittendrin
gebiete schreiend
spring über Wogen
bleib unbeugsam stehn

ungerührt
Welle um Welle
Woge um Woge
umspült das Meer
dünne Beinchen

Das mächtige Meer
genau wie das Leben
wirft manchmal dich um
doch eines Tages
von Wellen getragen
wirst du schwimmen

Hammermäßig

Er trägt einen Hammer
als Bekenntnis
wo andere
das Sternzeichen
den Namen der Freundin
manche auch
ein Kreuzchen tragen
an massiver Silberkette
einen Hammer

Er trägt einen Hammer
als Bekenntnis
zum Neuheidentum
nicht etwa
Atheismus
sondern die alten
germanischen Götter
das Zeichen Thors
solch ein Hammer

Er trägt einen Hammer
als Bekenntnis
in einem Land
das allen Grund hat
die Verehrung solcher Götter
der arischen Herrenrasse
zu verabscheuen
doch wer hinterfragt schon
einen Hammer

Er trägt einen Hammer
als Bekenntnis
dass Schluss sein muss
endlich mit
Gedenkfeiern für
6 Millionen angeblich
Untermenschen
stahlhartes neues Selbst
dieser Hammer

Er trägt einen Hammer
als Bekenntnis
er will jemand sein
das ist die Gnade
der späten Geburt
Wiederholungseffekte
nicht auszuschließen
bedeutet
so ein Hammer

Es trägt einen Hammer
als Bekenntnis
das hammermäßig
Entsetzen erzeugt
bei Menschen ohne
kollektiven Gedächtnisverlust
die darin mehr erkennen
als eine religiöse Eigenheit
in einem Hammer

Kollateralschaden

Durch die Inquisition
wurden tausende Menschen,
Schuldige und Unschuldige,
verfolgt, gefoltert, verbrannt.
Das Ziel, eine reine Lehre,
wurde nicht erreicht.
Vielmehr wurde der Glaube
an den lebendigen Gott
empfindlich getroffen.
Wie kann man da noch an Gott glauben?

Durch den dreißigjährigen Krieg
wurden tausende Menschen,
Schuldige und Unschuldige,
verfolgt, vertrieben, ermordet.
Das Ziel, die alleinseligmachende Kirche,
wurde nicht erreicht.
Vielmehr wurde der Glaube
an den lebendigen Gott
empfindlich getroffen.
Wie kann man da noch an Gott glauben?

Durch das Hitlerregime
wurden Millionen Menschen,
Schuldige und Unschuldige,
geächtet, vertrieben, vergast.
Das Ziel, die Herrschaft einer Herrenrasse,
wurde nicht erreicht.
Vielmehr wurde der Glaube
an den lebendigen Gott
empfindlich getroffen.
Wie kann man da noch an Gott glauben?

Durch Kriege in aller Welt
werden unzählbare Menschen,
Schuldige und Unschuldige,
zerfetzt, verbrannt, zerbombt.
Das Ziel, die Ausbreitung westlicher Demokratie,
wird nicht erreicht.
Vielmehr wird der Glaube
an den lebendigen Gott
empfindlich getroffen.
Wie kann man da noch an Gott glauben?

Ein unermesslicher Kollateralschaden
für unzählige Menschen,
Schuldige und Unschuldige,
verunsichert, verzweifelt, verloren.
Das Ziel, Frieden mit sich, der Welt und mit Gott
bleibt unerreichbar.
Daher sollte der Glaube
an den lebendigen Gott
neu in Betracht gezogen werden.
Wie kann man sonst noch an eine Zukunft glauben?

(Kollateralschäden sind Zerstörungen, die bei kriegerischen Handlungen entstehen,
wenn das eigentliche Ziel nicht getroffen wird.)

Reihenfolge

Du siehst mich an
und sagst,
du seist anders.
Ich sehe es nicht,
du siehst es nicht.

Auch ohne Spiegel
weißt du,
du bist schwarz.
Ich sehe es nicht,
du siehst es nicht.

In Afrika
würde ich meinen,
ich sei anders.
Sehe ich dich an,
sehe ich es nicht.

Du bist Mensch,
ich bin Mensch
wie die anderen,
weiß oder schwarz.
Egal.

Sehe ich in dir
und du in mir
nur eins, den Bruder,
sind wir gleich.
Das ist Freiheit.

Fraternité
Egalité
Liberté
diese Reihenfolge.

Ihr gehört zu Christus,
weil ihr auf seinen Namen getauft seid.
Jetzt ist es nicht mehr wichtig,
ob ihr Juden oder Griechen,
Sklaven oder Freie,
Männer oder Frauen seid:
in Christus seid ihr alle eins.

(Galaterbrief 3,27+28)

Kisten

Er sprach von Beziehungskiste
ganz locker und cool daher.
Sie dachte, das sei etwas Festes
und träumte von Liebe und mehr.
Es wären nur andere Worte,
der Sinn sei im Grunde ganz gleich.
Halt eher markant und männlich,
nicht lieblich und weiblich und weich.

Sie landeten schnell in der Kiste,
weil man das ja heute so macht.
Da nahm er sich, was er wollte,
sie hat etwas verlegen gelacht.
So, meinte sie, sind die Männer:
ohne Umwege gleich zum Ziel.
Sie wollte ihn nicht verlieren.
Für sie war es mehr als ein Spiel.

Er suchte eine neue Kiste,
mit der alten war nicht mehr viel los.
Ihr Gequatsche von Liebe und Ehe
langweilte und nervte ihn bloß.
Eines Tages ist er dann gegangen
und ihr wurde langsam nur klar,
dass diese Beziehungskiste
der Sarg ihrer Liebe war.

Voraussetzung

Strandgut zu finden

Entrissenes zu bergen

bedarf es des Sturms

Harte Nüsse

Er blickte ins Leere
das Glas in der Hand
in ihm steckte mehr
hat sie sofort erkannt
Als ihre Blicke sich trafen
war's um sie geschehn
Und er sagte wie Bogard
Hey Puppe lass uns gehn
Sie ist mit ihm gegangen
und konnt's auch erklär'n
In jeder harten Schale
steckt ein weicher Kern

Einer kam sie besuchen
Jeden Montag um drei
anders konnte er nicht
aber sie nahm sich frei
Jedesmal dachte sie sich
was besonderes aus
Er bewunderte alles
kam nie aus sich raus
Sie schenkte ihm Nähe
aber er hielt sich fern
Doch in jeder harten Schale
steckt ein weicher Kern

Ihr neuer war Rocker
ein Kerl wie ein Baum
der hat ihr wo nötig
schon mal eine gehaun
Das fand sie nicht gut
doch sie wusste Bescheid
das würde sich ändern
durch die Liebe mit der Zeit
eine Einsame wie sie
die erzählt sich gern
In jeder harten Schale
steckt ein weicher Kern

So hat sie ihre Jahre
mit Suchen verbracht
es hat nicht viel ergeben
und sie schöpfte Verdacht
Manchmal hilft nicht Geduld
nicht die Liebe nicht die Zeit
auf der Suche nach dem Kern
kommt man oft nicht so weit
denn bei ehrlichem Bohren
entdeckt man eins wohl
so manche harte Schale
ist doch einfach nur hohl

Richtigstellung

Auch als Christ
muss man sich nicht alles gefallen lassen,
sagst du:
Ich habe mal so richtig Bescheid gesagt,
na ja, die Ausdrücke waren
nichts für Klosterschüler.
Aber was soll's,
ich bin auch nur ein Mensch.
Und da hab ich halt mal
richtig die Sau raus gelassen.

Auch als Christ
muss man sich mal richtig was gönnen,
sagst du:
Diese Fete war wirklich affenstark,
na ja, die Witze waren
nicht immer stubenrein.
Aber was soll's,
ich bin schließlich nicht verklemmt.
Und da hab ich halt mal
richtig die Sau raus gelassen.

Auch als Christ
muss man sich mal richtig ärgern dürfen,
sagst du:
Dieser Typ hat sich totalen Bockmist geleistet,
na ja, als ich mit ihm fertig war,
hat er nur noch geflennt.
Aber was soll's,
er soll es sich ein für alle mal merken.
Und da hab ich halt mal
richtig die Sau raus gelassen.

Auch als Christ
muss man sich so verhalten dürfen,
meinst du:
Aber, von welcher Sau redest du eigentlich?
Sollte nicht Christus in dir leben
oder hab ich da was falsch verstanden?
Also was soll's,
vielleicht solltest du ihn ja mal wirken lassen.
Dann würde Er ein für alle mal
richtig die Sau raus lassen.

ScheinBar

Unübersehbare Massen
auf Plätzen
feiern den Sieg
vergöttern die Champions
hingegebene Fans
weinen lachen umarmen
wildfremde Menschen
sind plötzlich Freunde
scheinbar

Unübersehbare Massen
in Städten
feiern nur so
verkaufsoffene Tage
Würstchen und Bier
Heimat- oder Rockmusik
seliges Schunkeln
eine große Familie
scheinbar

Unübersehbare Massen
montags im Filmpalast
geduldiges Anstehen
für bunte Lichtreflexe
Popcorn und Cola
Loveseat vielleicht
Emotionen total
scheinbar

Unübersehbare Massen
im Internet-Chat
nächtelang
Nonsens Small Talk
Gefühle schreibt man kursiv
nichts preisgegeben
und doch nicht einsam
scheinbar

An der ScheinBar
konsumieren wir
Verdurstenden gleich
tödliche Drinks
verlieren wie ein Trinker
Realität

Beziehung

uns

selbst

„Keineswegs werdet ihr sterben"
sagt lächelnd der Barkeeper

Guten Appetit

Tatort
Deutsches Fernsehen
Die Kommissare
Stöver und Brockmüller
servieren uns
ein Tischgebet

Komm, Herr Jesus,
sei unser Gast
und segne,
was du uns
bescheret hast.

Staubtrocken
wie die Brötchen
lauwarm
wie die Würstchen
kalt
wie die Leiche
die angekündigt wird

Tatort
wirft Fragen auf
Die Kommissare
sind sie etwa
fromm geworden?
Kaum wahrscheinlich

Frisch
wären dann die Worte
heiß
wäre dann der Glaube
lebendig
wäre dann die Liebe
zu dem Auferstandenen
der angesprochen ist

Komm, Herr Jesus,
sei unser Gast
und segne,
was du uns
bescheret hast.

Tatort
Deutsches Fernsehen
serviert Unvergorenes
schwer verdaulich
Wir wünschen trotzdem
Guten Appetit

Cocktailrezept

Sein Name ist Bond
James Bond
In Kinosälen
und auf Fernsehschirmen
kämpft er für das Gute
den Weltfrieden
das Überleben gar
der Menschheit
dazu trinkt er
überlegen lächelnd
Martini
gerührt nicht geschüttelt

Die Zuschauer
sind beeindruckt
nicht nur von
technischen Mätzchen
und langbeinigen Frauen
auch die hehre Absicht
der Gute der siegt
die lässigen Sprüche
und natürlich
das unwiderstehliche Lächeln
zum Martini
gerührt nicht geschüttelt

Das lässt sich leicht ansehen
wenn man wegschaltet
aus der Realität
und Agent 007
die Welt verbessern lässt
Wirklich etwas ändern
könnte sich vielleicht
wenn die Zuschauer
statt zu fliehen aushielten
beim Anblick der Realität
und wären anders als der Martini
geschüttelt und nicht nur gerührt

Der Fernsehzuschauer

Sein Blick ist vom Vorübergehn
der Bilder so trüb geworden,
dass er nichts mehr hält.
Ihm ist als ob es tausend Bilder gäbe
und hinter tausend Bildern keine Welt.

Sein müder Gang mit schlurfend flachem Schritte,
der sich im allerkleinsten Raum bewegt,
wie ein vergessner Tanz um eine Mitte,
in dem betäubt ein letzter Wille lebt.

Nur manchmal schiebt der
Vorhang der Pupille
sich lautlos zu,
ganz bei sich selber sein,
geht durch der Glieder abgeschlaffter Stille
und hört im Denken auf zu sein.

(nach Rainer Maria Rilke: Der Panther)

Herbsttag

(Zu jeder Jahreszeit zu singen)

Herr, keine Zeit. Der Sommer war nur Hauch.
Kein Schatten hält uns an die Sonnenuhren
und keine Spuren lässt des Lebens Rauch.

Befiehl den leeren Stunden voll zu sein;
gib ihnen nur zwei sinnerfüllte Tage,
dränge sie zur Vollendung hin im Jagen,
schenk ihnen Süße wie von schwerem Wein.

Wer jetzt kein Haus hat, baut sich keines mehr.
Wer jetzt allein ist, wird es lange bleiben,
wird surfen, chatten, Kurzbotschaften schreiben
und wird auf Datenstraßen hin und her
unruhig schlaflos wie die Blätter treiben.

(nach Rainer Maria Rilke: Herbsttag)

Individuum

Gott der Schöpfer
von Ewigkeit
Liebhaber
unverwechselbarer
Individuen

Seht die
Muschelschalen
wie Sand
am Meer
unüberschaubar
die Zahl
gleicht keine
der anderen
obwohl
sie doch irgendwie
gleich sind

Vermutlich
sind Uniformen
die Erfindung
der Einfalt
geschaffen
dem Schöpfer
zu widersprechen

Seht die
Menschenkinder
wie Sand
am Meer
unüberschaubar
die Zahl
gleicht keins
dem anderen
obwohl
wir doch irgendwie
gleich sind

Vermutlich
ist Individualität
Teil des Gleichseins
unverzichtbar
paradox
dem Schöpfer
Ebenbild

Gott der Schöpfer
in Ewigkeit
Liebhaber
unverwechselbarer
Individuen

Gegenwind

Der Wind steht gegen dich
Wellenberge verstellen die Sicht
auf den Horizont
den Ort
wo der Himmel
die Erde berührt
scheinbar unerreichbar
Ziel der Fahrt

Nicht sehend nur ahnend
stellst du dich dem Sturm
die Takelage zerrt
schmerzende Hände
nasses Segeltuch
schlägt dir ins Gesicht
gegen die Planken
stemmst du die Füße

Ergriffen
Seele und Leib
geschüttelt wie man
Schlafende weckt
Gischt brennt auf der Haut
wie tausend Nadeln
auf der Zunge den Lippen
der Geschmack von Salz

Du schmeckst nach Salz
Salz wolltest du doch sein
trotz Gegenwind
trotz schwankendem Boden
ein kleines Licht
und ein wenig Salz
nicht viel aber
unüberwindbar

Manchmal träumst du
von Rückenwind
und Sonnenschein
vieles wäre
einfach leichter
auch solche Tage gibt es
nur eine Flaute wäre
auf Dauer tödlich

Der Wind steht gegen dich
doch du ziehst es vor
auf schwankendem Grund
mitten im Sturm
geschüttelt mit Gischt im Gesicht
und Salz auf den Lippen
da zu sein
wo der Himmel die Erde berührt

Dann

Wohnst du noch
oder lebst du schon
im Himmel statt auf der Erde
dass dieses dein erdverbundenes Haus
dir nicht letztgültig Heimat werde?

Bist verbunden der Erde
jenem fruchtbaren Staub
dem du und die Schöpfung entnommen
Doch du richtest dich hoch
übst den aufrechten Gang
um dem Himmlischen näher zu kommen

Wohnst du noch
oder lebst du schon
im Himmel statt auf der Erde
dass dieses dein erdverbundenes Haus
dir nicht letztgültig Heimat werde?

Kennst vergebliches Müh'n
aus der Hoffnung gebor'n
dass die Welt sich zum Bessren lässt wenden
der Vergänglichkeit blüh'n
in dem Menschheitstraum
wo sich Freiheit und Friede noch fänden

Wohnst du noch
oder lebst du schon
im Himmel statt auf der Erde
dass dieses dein erdverbundenes Haus
dir nicht letztgültig Heimat werde?

Spürst im Herzen die Sehnsucht
nach Heimat und Glück
die mit Irdischem nicht zu begründen
und doch wächst dir Mut
treibt dich weiter voran
lässt dich Ewiges suchen und finden.

Wohnst du noch
oder lebst du schon
im Himmel statt auf der Erde
dass dieses dein erdverbundenes Haus
dir nicht letztgültig Heimat werde?

Wenn du ihm nur begegnest
der sich finden lässt
auf den Straßen und steinigen Wegen
ihm der starb für dich
und der auferstand
für ein unwiderrufliches Leben

Wohnst du noch
oder lebst du schon
im Himmel statt auf der Erde
dass dieses dein erdverbundenes Haus
dir nicht letztgültig Heimat werde?

Der Einzige

Bist du der Einzige,
der nicht weiß,
was passiert ist,
wie Hoffnungen
auf Veränderungen
politische und andere
starben?
Bist du der Einzige,
der nicht weiß?

Bist du der Einzige,
der nicht weiß,
wie unsere Träume
von Gerechtigkeit
und Mitmenschlichkeit
verspottet und gekreuzigt
wurden?
Bist du der Einzige,
der nicht weiß?

Bist du der Einzige,
der nicht weiß,
wie verwirrend
Berichte anderer
von Erfahrungen
und Begegnungen
unsere Gefühle verletzt
zurückließen?
Bist du der Einzige,
der nicht weiß?

Du hörst einfach zu
ohne ein Wort
falschen Trostes,
gehst Meile um Meile,
erklärst, was wir wissen,
stellst Zusammenhänge her,
verabschiedest dich,
bedrängst uns nicht.
Bleibe bei uns zur Nacht.

Du wendest dich
nicht von uns ab.
Du lässt dich herab
auf unser Niveau.
Du kehrst ein
unter unser Dach.
Du teilst mit uns
Tisch und Bett.
Im Brotbrechen erkennen wir:

Du bist der Einzige,
der wirklich weiß,
welche ohnmächtige Wut
uns schmerzt,
wie zerstörte Liebe
das Herz durchbohrt,
welche Bedrängnis
Unbegreifliches auslöst.
Du kennst Gethsemane und Golgatha.

Du bist der Einzige,
der wirklich weiß.
Du bist das Wort,
das sich uns erklärt,
im Brechen des Brotes
reißt du den Himmel auf.
Wir sehen die Realität,
im gleichen Moment
entziehst du dich
unseren Augen.

Du bist der Einzige,
der wirklich weiß,
dass ein einziges Wort
uns gesund macht,
dass eine einzige Sekunde
des Erkennens genügt,
dass einmal geöffnete Augen
in Ewigkeit sehen werden
Dich, den einzig Ewigen.

My way

Der Ort der Freiheit

meinen Weg zu wählen

heißt Gethsemane

provisorium

in den gewölben
der weinkeller
finde ich
nicht eine flasche
angemessen
dem anlass

in den schluchten
der bibliotheken
suche ich
vergebens ein wort
annähernd
einer erklärung

unwerter wein
stammelndes wort
blut zu sein
oder lebensbrot
nicht erfüllbares
unterfangen

vollkommen unvollkommenes
unendlich endliches
ergreifst du
dies mein blut
sprichst in unseren reden
ewig lebendiger

so feiern wir
in der gemeinschaft
nicht vollendeter heiliger
abendmahl
und verkünden
bis er kommt

Dreidimensional

himmelhoch
wie die Berge
der Alpen der Tatra
der Rockies und der Anden
himmelhoch
wie Ayers Rock
Kilimandjaro und Himalaja
himmelhoch
sagt der Bergmensch
die Sterne zum Greifen nah
dass mir die Luft weg bleibt
himmelhoch
ist die Majestät
des allmächtigen Gottes

himmelweit
wie die Meere
die Ost- und Nordsee
das Mittel- und das Schwarze Meer
himmelweit
wie der indische Ozean
der Atlantik und Pazifik
himmelweit
sagt der Meermensch
unendlich das Sternenzelt
bewegend bis unter die Füße
himmelweit
ist die Majestät
des allmächtigen Gottes

himmelhoch
weiß der Bergmensch
ist ein angemessenes Wort
eine menschliche Umschreibung
himmelweit
weiß der Meermensch
ist ein angemessenes Wort
eine menschliche Umschreibung
konkurrenzfrei
bleibt die Betrachtung des Lebendigen
der dem Leben Tiefe gibt
himmeltief
jedes Erkennen
des allmächtigen Gottes

Spinngewebe

Fast unsichtbar sind
die Fäden,
die deine Träume
gefangen haben.
Fast unsichtbar, aber
zäh und klebrig,
unüberwindbar
für deine Träume.

Fast unsichtbar
nur die Opfer,
eben deine Träume,
gefesselt und betäubt,
sind unübersehbar,
graue Klumpen,
nicht erkennbar,
totgeglaubt.

Die Spinne, meist unsichtbar, droht:
Wag es nicht.

Sichtbar,
der Tau
lässt Perlen schimmern
im Morgenrot wie Blut,
besiegbar,
die Falle ist keine Gefahr,
wird überwindbar,
die Spinne, das Netz, der Schmerz.

Sichtbar,
noch leben sie,
deine Träume,
gefesselt und betäubt,
doch unzerstörbar,
befreie sie behutsam,
sie sind lebbar,
es ist nicht zu spät.

Brennen

Entzündet
kleiner Funke Hoffnung
auf Wärme Leben Liebe
im Dunkel trostloser Welt

Entbrannt
Eifer und Begeisterung
bedingungslos gegeben
kein Preis kein Opfer zu hoch

Flammend
lodernd aufgestrahlt
sichtbar und mächtig
heiße Liebe brennendes Herz

Abgebrannt
die Substanz verheizt
blasenwerfende Bilder
verkrümmter verkohlter Träume

Verbrannt
die Erde des Herzensgartens
erkaltende Asche
kein Baum kein Strauch der bleibt

Ausgebrannt
die Kerze beidseitig
gleichzeitig entzündet
schneller gelebt und am Ende

Brennend
nicht verbrannte der Dornbusch
durch heiliges Feuer
weil Gott aus ihm sprach

Göttliches Feuer
wird dich nicht verzehren
heilig der Boden
zieh die Schuhe jetzt aus

Abrechnung

Am Ende erhält man
für alles die Quittung
für durchgemachte Nächte
für Sauforgien
und Rauchopfer
die Quittung

Am Ende erhält man
für alles die Quittung
für Workoholismus
für Überforderung
Stress und Hektik
die Quittung

Am Ende erhält man
für alles die Quittung
für spitze Bemerkungen
für üble Gedanken
Worte und Werke
die Quittung

Am Ende erhält man
für alles die Quittung
für falsche Entscheidungen
für Fehlurteile
aus Hochmut und Angst
die Quittung

Am Ende erhält man
für alles die Quittung
für Rückzüge
für ungelebte Träume
Vergessenes und Verdrängtes
die Quittung

Am Ende erhalte ich
für alles die Quittung
aber der meine Schuld trug
und dem ich gehöre
spricht nur ein Wort
„bezahlt!"

quer treiber
man muss do
ch man darf
doch nicht e
s wäre doch
ein schlechte
s zeugnis für
ICH BIN DERWEG DIE **WAHRHEIT** DAS **LEBEN**
MEIN **REICH** IST NICHT VON DIESER WELT **ICH**
BIN GEKOMMEN DASS ICH **WAHRHEIT** ZEUGE
WER AUS DER **WAHRHEIT** IST HÖRT AUF MICH
versündige di
ch nicht rede
nicht darüber
es ziemt sich
nicht man mu
ss vor allem s
eine pflicht tu
n du zerstörst
die einheit sei
nicht so komp
romisslos so
hart denke an
deinen splitte
r vertusche d
en balken tün
che das grab

In gleicher Aufmachung erschienen:

, ... nicht um bunten Traum ...' -

Gedichte zum Weiterdenken

ISBN 3-8311-4644-6

Die Autorin ist zu erreichen

Hohenlimburger Straße 90

58099 Hagen

Email: bubuddeberg@yahoo.de

Homepage: www-verdichtete-gedanken.de